굿모닝 사회탐구 − 정치 영역

함께 해결해요

글 고재헌 | 그림 문정희

(주) 한국슈바이처
KOREA SCHWEITZER CO., LTD

정수와 탁수는 동갑내기 사촌 형제입니다.
경기도에 사는 정수와 서울에 사는 탁수는 여름 방학을
앞두고 잔뜩 기대에 부풀어 있습니다.
방학 동안 서울 탁수네 집과 경기도 정수네 집에서 일주일씩
함께 보내기로 했기 때문이지요.
함께 방학을 보내는 것도 신 나는 일이지만 정수는 도시에서,
탁수는 시골에서 지낼 수 있어서 더 좋았습니다.

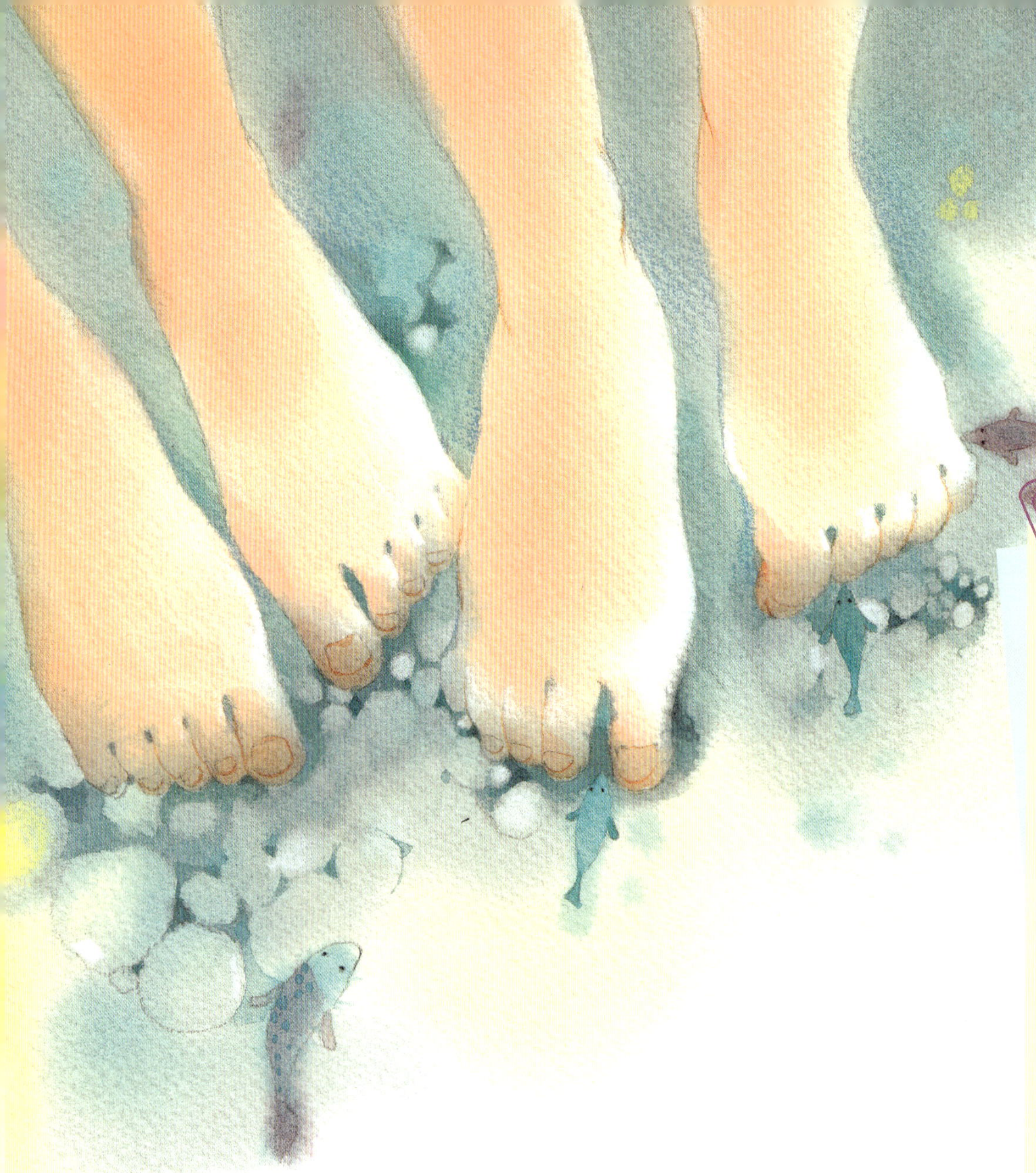

지식 플러스

한강에서도 물고기를 볼 수 있어요

한강 잠실 수중보(물 높이를 조절하기 위해 물속에 설치한 둑)에 물고기 길이 새로 만들어졌어요. 1986년, 한강 종합 개발 당시에 계단식 물고기 길을 만들었지만, 계단이 너무 높아 작은 물고기들은 거슬러 올라가지 못했다고 해요. 하지만 최근 경사가 완만한 물고기 길을 다시 설치하여 이제는 자유롭게 상하류를 오가는 물고기들을 볼 수 있게 되었어요.

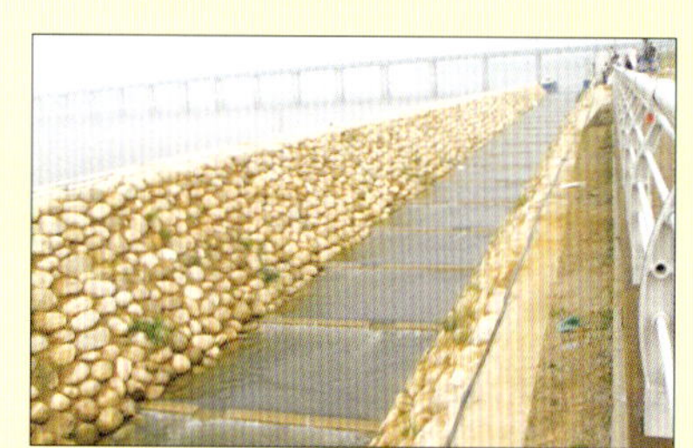

물고기 길(잠실)

드디어 기다리던 방학이 되었습니다.
먼저 탁수가 정수네 집에서 지내기로 했습니다.
정수는 탁수를 집 근처 가까운 물가로 데리고 갔습니다.
둘은 물놀이도 하고 낚시도 하며 즐겁게 놀았습니다.
"정수야, 여기 좀 봐! 물고기가 지나가는 게 다 보여.
야, 물이 정말 맑다!"

탁수는 맑은 강물을 보니, 서울의 한강이 떠올랐습니다.
"정수야, 한강도 이렇게 맑으면 참 좋을 텐데……."
"어? 이상하네. 이 물이 한강까지 흘러갈 텐데 한강은
왜 깨끗하지 않지?"
그때 문득 탁수의 머릿속에 한 가지 생각이 떠올랐습니다.
"그건 이곳의 물이 한강으로 흐르면서 여러 오염 물질이
섞이기 때문이 아닐까?
그래서 상류의 물이 하류로 갈수록 더러워지는 것 같아."

경기도
서울

그러자 정수는 언젠가 아버지께서 해 주신 이야기가 떠올랐습니다.
"지난번에 아버지가 깨끗한 한강을 만들기 위해 여러 곳을 보호 구역으로
정해서 관리, 보호하고 있다고 하셨던 것 같아.
저녁때 아버지에게 좀 더 자세히 여쭤 보자."
"그래. 자, 이제 그물에 물고기가 얼마나 걸렸는지 보러 가자."
탁수와 정수는 그물을 쳐 둔 곳까지 첨벙거리며 뛰어갔습니다.

지식 플러스

물을 아껴 쓰세요

수도꼭지

우리나라의 물 사용량은 다른 나라에 비해 아주 많아요. 이는 물 값이 비교적 저렴하고, 물을 아껴 쓰는 습관이 부족하기 때문이지요. 그런데 요즘 환경오염으로 사용 가능한 물의 양이 점점 줄어들고 있다고 해요.

8
1 2 3 4 5
6 7 8 9 10 11 12
13 14 15 16 17 18 19
20 21 22 23 24 25 26
27 28 29 30 31

그날 저녁, 정수가 아버지에게 물었습니다.
"아빠! 강물은 상류에서 하류로 갈수록 더 오염되는 거죠?"
"아무래도 상류에서 물을 더럽히면 하류로 내려갈수록
오염은 더 심해지지."
"그럼 한강이 깨끗하지 않은 것도 상류에서 물을
더럽혔기 때문이겠네요?"
"그렇다고 볼 수 있지. 또 다른 이유도 더 있을 거고."
"지난번에 우리 동네부터 한강까지 이어져 있는 지역을
보호 구역으로 정한다는 이야기를 들은 것 같아요."

"허허, 정수가 그 이야기를 기억하고 있구나. 그런데 그 문제는 쉽게
결정되는 문제가 아니란다. 상수원 보호 구역으로 지정되면, 그 지역
주민들의 권리가 제한될 수 있거든."
"주민들의 권리가 제한된다고요?"
"그래. 상수원 보호 구역으로 지정되면 공장이나 가게를 세울 수가
없단다. 강을 오염시킬 만한 어떤 시설도 지을 수가 없지."
"하지만 한강이 깨끗해지니까 좋은 거잖아요?"
작은아버지의 말이 끝나자 탁수가 물었습니다.

지식 플러스

생활하수로 몸살을 앓고 있는 상수원 보호 구역

강이 있는 곳은 경치가 좋아 많은 숙박 시설과 음식점 등이 들어서지요. 하지만 이 건물들은 주변 경관을 해칠 뿐만 아니라 무분별하게 생활하수를 배출해 상수원을 오염시키고 있어요.

“탁수는 한강이 깨끗해지기를 바라는구나?”
“네!”
“하지만 이곳 주민들의 입장은 다르단다. 젊은 사람들이
일자리를 찾아 도시로 떠나 버린 마을에는 대부분 노인만
남게 되었어. 그래서 주민들은 이 지역에 공장이 많이
세워지기를 바란단다. 그래야 일자리도 많이 생기고 지역이
더욱 발전할 수 있기 때문이지.”
“작은아버지 말씀을 들으니까 이곳 주민들의 입장도
이해가 되네요.”

지식 플러스

민주주의의 광장, 아고라

아고라는 고대 그리스의 도시
국가 중심에 있던 광장이에요.
그리스 사람들은 이곳에 모여
정치와 사상을 토론하며 민주주
의를 키워 갔어요.

아고라 유적

아버지와 탁수의 말을 듣고만 있던 정수가 물었습니다.
"그럼, 이렇게 서로 입장이 다를 때는 어떻게 해야 돼요?
한강을 깨끗하게 보호하는 것도 중요하고, 지역 개발도 중요하고……."
"여러 사람이 생활하다 보면 의견이 맞지 않아 문제가 생기는 경우가
많단다. 이런 의견 차이를 좁혀 서로에게 이로운 해결 방안을 찾아
실천하는 것이 바로 '정치'란다. 다양한 의견이 나와 많은 협의*를
거치는 것은 민주주의 정치 발전을 위해서 꼭 필요한 일이지."

*협의 : 여러 사람이 모여 의논함.

1로봉마
2호
3호
○△도 투표
서울 , 경기 , 인천 , 그리고 환
투표종이는   여기서   가져 가세요.
MSE
20

"'지방 자치'라는 말 들어 봤지? 이것은 각 지역의 살림살이와
문제를 지역 주민 스스로 해결하게 하는 제도인데, 그 지역
주민들은 선거를 통해 대표자를 뽑아 일을 맡기고 감독도 하지."
"지역의 문제는 그 지역에 사는 사람들이
가장 잘 알 테니 해결하기 좋겠지만,
지금처럼 서울과 경기도가 함께 해결해야
하는 문제는 어떻게 하나요?"
"그래서 이 문제를 의논하기 위해 서울,
경기, 인천 그리고 환경부와 여러
시민 단체의 대표들이 한자리에 모여
대책 협의회를 열기로 했단다.
이렇게 자주 만나서 의견을 나누다 보면
아마 좋은 타협*점을 찾을 수 있을 거야."

*타협 : 어떤 일을 서로 양보하여 협의함.

“아빠, 우리 동네가 발전하려면 꼭 공장 같은
시설이 있어야 해요? 다른 방법은 없을까요?”
“공장을 짓는 것은 이 지역의 강도 오염시키
고, 한강까지 오염시키니까 공장이 아닌 다른
방법이 있다면 정말 좋겠는데…….”

지식 플러스

폐수 처리 시설이 왜 필요하냐고요?

공장 폐수는 각종 오염 물질을 포함하고 있어 강이나 바다에 그냥 흘려 보내면 심각한 수질 오염을 초래해

폐수 처리 시설

요. 이러한 수질 오염은 농어업에도 큰 영향을 미치므로 폐수 처리 시설을 갖추고 오염 물질을 제거하여 강이나 바다로 흘려 보내야 하지요. 현재 공장 폐수는 환경 보전법에 의하여 각 공장에서 스스로 처리하도록 되어 있어요.

"그렇지 않아도 지난번 마을 회의에서 공장 설립을 허가하는 대신
공장 수를 제한하여 상수원을 보호하자는 의견이 나왔단다."
"그럴 경우엔 공장에서 나오는
폐수를 깨끗하게 처리하는
시설이 꼭 있어야 해요."
정수의 말에 탁수도 고개를
끄덕였습니다.

"더 좋은 소식도 있지. 다른 상수원 보호 구역의
경우를 조사하면서 좋은 해결책을 찾아냈단다."
"그게 뭐예요?"
"바로 무농약 농산물을 재배하는 거야.
다른 지역에서는 무농약 토마토를 재배해서
아주 비싼 값에 팔고 있단다. 벌을 이용해
토마토를 수정하고, 천적을 동원해 각종 해충을

잡는 방식으로 재배하는데, 상수원 보호
구역에서 자란 토마토라고 도시 사람들이
안심하고 비싼 값에 산다는구나."
"그거 정말 좋은 방법인 것 같아요.
이곳은 공장을 세우지 않고도 소득을
높일 수 있어서 좋고, 도시 사람들은
무농약 토마토를 먹을 수 있으니까 좋고요."

전통 가마 체험
도자기
체험
전통 가마
무농약 마토 축제
전통
가마
아빠
사랑해
무농약 토마토

"폐교를 개조해서 도자기 체험관과 전통 가마
체험관을 만든다는 계획은 어떻게 되었어요?"
한동안 이야기를 듣고만 있던 작은어머니께서
말씀하셨습니다.
"이 지역은 옛날부터 질 좋은 백토가 많이 나니까
작은 백자* 박물관을 세우고, 온 가족이 함께 직접
백자를 구워 보는 체험관을 만들자는 의견도 있었지."
"많은 가족이 찾아와서 도자기 굽기 체험도 하고,
무농약 토마토도 사면 좋겠어요."
"작은아버지 말씀처럼 자주 만나서 많은 의견을 나누면
좋은 해결책이 나올 것 같아요."

*백토 : 잔모래가 많이 섞인 흰 빛깔의 흙.
*백자 : 순백색의 바탕흙 위에 투명한 유약을 발라 구워 만든 자기.

"문제를 잘 해결하기 위해서는 대화를 통해 서로의 주장이 무엇이고,
왜 그런 주장을 하는지 먼저 이해해야 해. 또, 그 문제와 관련된
자료도 수집하고, 철저하게 조사도 해야 하지. 하지만 가장 중요한 것은
서로 양보하고 타협하려는 마음가짐일 거야."
"의견이 서로 다를 때 자기 입장만 주장한다면 어려운 점이 많을 것 같아요!"
"이제야 왜 많은 대화가 필요한지 알 수 있을 것 같아요."
정수와 탁수는 뿌듯한 마음으로 서로를 바라보며 웃었습니다.

상수원 보호 구역이란?

상수원은 우리가 먹는 물을 말해요. 따라서 우리가 안심하고 먹을 수 있도록 상수원을 보호하기 위해 수질에 직접적인 영향을 주는 주변을 보호해야 하지요. 상수원 보호 구역에서는 각종 쓰레기를 버리는 행위, 가축을 기르거나 목욕, 세탁 등의 수질을 오염시키는 행위를 금지하고 있어요. 행정 기관에서도 지역마다 상수원 보호 구역을 지정하여 물의 오염을 막기 위해 노력하고 있어요.

▲ 팔당 상수원 보호 구역

상수도 사업소에서는 어떤 일을 하나요?

상수도 사업소는 우리에게 맑은 물을 공급하기 위해 많은 일을 하고 있어요.
먼저 정기적으로 수질을 검사해 그 결과를 주민들에게 공개하고 있지요.
또 수도관을 새로 놓거나 오래된 수도관을 새것으로 바꾸는 등의 상수도 시설을 관리하고 점검한답니다.
이 밖에도 각 가정에 수도 요금을 부과할 뿐만 아니라 상수도 관련 민원을 처리하는 일도 하고 있어요.

옛날에도 상수도가 있었어요

근대적인 상수도 시설은 19세기경에 만들어졌지만 그전에도 멀리 떨어진 강이나 호수의 물을 지하 수로를 통해 도시로 끌어 와 사용하였어요.
우리나라 신라 시대에도 상수도 시설이 있었다고 해요. 경주 안압지에서 출토된 상하수도관과 황룡사지에서 발견된 배수로는 당시 신라인들이 효율적인 물 사용에 관심이 높았음을 나타내고 있지요.

무너진 관광 도시의 꿈

일본의 ○○시가 파산 선언을 했다. 시의회에 나온 시장이 파산을 선언하자 방청석을 가득 메운 시민들 사이에서 한숨과 야유가 터져 나왔다.

한때 스무 개가 넘는 광산으로 번영을 누려 온 ○○시는 1990년대 초 마지막 탄광이 문을 닫으면서 빠르게 쇠퇴해 갔다. 거기다 전임 시장이 영화제 등의 관광 사업에 많은 돈을 투자하면서 쌓이게 된 빚이 눈덩이처럼 늘어 갔다. 하지만 ○○시가 장부상의 빚을 줄이고 적자를 흑자로 꾸며 놓아서 시민들은 이런 사정을 까맣게 몰랐다. 이에 ○○시의 한 시민은 "다른 곳으로 이사를 할 계획에 있다."면서 "세금이 크게 올라 우리 가족뿐만 아니라 많은 주민들이 모두 살길을 찾아 떠나고 있다."고 말했다. 동아일보 · 한국일보 참조

우리 도시의 실패를 팝니다

파산을 선언한 일본의 ○○시가 도시의 몰락 과정을 소개하는 관광 상품을 내놓아 눈길을 끌고 있다. 매우 드문 지방 자치 단체의 파산을 관광 자원으로 활용한 경우이다.

이 관광 참가자들은 석탄 박물관과 석탄 생활관, 세계 박제 전시관 등의 방만(맺고 끊는 데가 없이 제멋대로 풀어짐)한 투자 현장을 살펴보고 전문가들에게서 특강을 듣게 된다. 시장이 직접 강사로 나오기도 하고, 탄광 연구원, 전 탄광 근로자, 시청 직원 등이 나와 경험담을 털어놓고, 재발 방지책에 대해 이야기한다. 또 시의 파산으로 예산이 크게 줄어든 의료, 복지, 교육 시설을 찾아 주민들이 고통을 나누고 있는 상황도 살펴볼 수 있다. ○○시 관계자는 "'실패에서 배우도록 하자.'는 취지에서 이러한 관광 프로그램을 기획하게 됐다."면서 "이 관광 상품은 지방 자치 단체 공무원과 지방 의원, 교수, 학생 등을 대상으로 기획한 것이지만 일반 관광객에도 개방할 계획에 있다."고 밝혔다. 중앙일보 참조

지방 브랜드화

브랜드는 특별한 상품을 나타내는 데 필요한 하나의 표현 방법이에요. 하지만 요즘에는 상품뿐 아니라 지방의 고유문화를 지역 특산품과 접목해 '브랜드화' 하고 있지요.

① 지역 축제

함평 나비 대축제, 보령 머드 축제, 인제 빙어 축제 등은 각 절기마다 열리는 우리나라의 대표적인 지역 축제라고 할 수 있어요.
이러한 지역 축제는 지역을 널리 알리고,
지역 경제를 살리는 데에도 큰 도움이 되지요.

▲ 머드 축제

② 체험 학습

친환경 딸기 따기 체험이나 전통 도자기 굽기 체험 등 우리가 평소에 해 볼 수 없었던 것을 체험해 볼 수 있는 학습 프로그램도 다양해요.

③ 박람회 개최

지역의 자원을 개발하고, 특산품을 판매 · 전시하기 위해 박람회를 개최해요.
박람회를 통해 지역의 자원과 특산품을 외국에 널리 알려 소득을 높이고 있지요.

▲ 책 박람회

④ 지역 경제 활성화

첨단 제품을 생산하는 공장을 유치해 일자리를 제공하여 지역의 경제 발전을 앞당겨요.

⑤ 관광객 유치 활성화

지방의 자연환경과 문화 등의 특징을 살려 다양한 관광 상품을 개발하고 가꾸며 더 많은 관광객을 유치하기 위해 노력해요.

▲ 시정 모니터 간담회

지방 자치제란?

지방 자치제는 지역 주민이나 단체가 자율적으로 그 지역의 사무를 처리하도록 하는 제도예요. 중앙 정부에서는 처리해야 할 일이 많아서 각 지역의 일까지 신경 쓸 수 없어요. 그래서 각 지역의 문제를 지역 내에서 스스로 해결하도록 했지요. 이렇게 각 지역의 문제를 지역 주민이 선출한 기관을 통해 자율적으로 처리하는 제도가 바로 지방 자치제랍니다.

지방 자치 단체에서 하는 일

지방의 작은 정부인 지방 자치 단체는 주민들이 가장 밀접하게, 친근하게 접근할 수 있는 행정 기관으로써 주로 일반 행정 관리, 도로 및 상하수도 시설 건설, 공원 관리 등 주민 생활에 불편함이 없도록 여러 가지 역할을 수행하는 기관이에요.

① 주민의 건강, 휴양 및 정서 생활을 위해 공원을 조성하는 등 우리 지역을 편안하고 살기 좋은 곳으로 만들어요.
② 복지 향상을 위해 힘써요.
③ 깨끗한 환경을 보전하기 위해 종합 계획을 수립하여 시행해요.
④ 도로나 주택, 상하수도 건설 등 지역 발전을 위한 사업을 계획하고 실천해요.
⑤ 지역을 널리 알리고, 문화를 가꾸고 발전시키고자 노력해요.
⑥ 주민들의 의견을 적극 반영해 지역 주민 생활의 불편을 해결해 주어요.
⑦ 주민들의 관심사인 물가 안정과 유통 질서 확립을 위해 노력해요.

안내문

풀뿌리 민주주의를 완성하는 당신의 소중한 한 표

우리 지역을 위해 발 벗고 나설 일꾼을 뽑는 선거가 한 달 앞으로 다가왔습니다.

이번 선거는 지방 자치법에 따라 4년 동안 우리 지역을 위해 열심히 일할 지방 자치 단체장 및 지방 의회 의원들을 선출하는 선거입니다.

이에 여러분의 많은 협조 부탁드리는 바입니다. 여러분의 소중한 한 표, 한 표가 지역을 살립니다. 아무쪼록 바쁘시더라도 투표소로 나와 귀중한 한 표를 행사해 주시기 바랍니다.

– 선거 유의 사항 –

❶ 후보자 또는 정당으로부터 그 어떤 금품(돈과 물품)이나 향응(특별히 대접함, 또는 그런 대접)을 받지도 말고, 요구하지도 맙시다.

❷ 투표 시간 : 오전 6시 ～ 오후 6시

❸ 투표 준비물 : 주민 등록증, 여권, 운전 면허증, 공무원증 등과 같이 신분을 나타낼 수 있는 증명서

❹ 투표 마감 시간인 오후 6시가 가까운 시간에는 투표소가 혼잡할 수 있으니 미리미리 투표합시다.

❺ 궁금하신 점은 가까운 동사무소나 구청, 시청으로 문의해 주시면 친절하게 답해 드리겠습니다.

– 감사합니다 –

탁수네 집

탁수 : 엄마, 이게 뭐예요?

엄마 : 오늘 반상회에 갔다가 받아 온 안내문이야. 한 달 뒤에 있을 지방 선거에 관한 안내문이란다.

탁수 : 지방 선거요? 지방 선거가 뭐예요?

엄마 : 쉽게 말하면 지역의 일꾼을 뽑는 선거야. 지방 자치 제도 알지? 그 제도에 따라 우리가 사는 지역을 위해 일할 일꾼을 지역 주민들이 직접 뽑고 있지.

탁수 : 지방 자치 제도라면 저도 알아요. 지난 방학 때 작은아버지께서 설명해 주셨거든요.

엄마 : 그래, 지방 자치 제도로 지역에 관한 일을 그 지역에서 스스로 해결하고 있지. 또, 주민들이 다양한 방법으로 지역의 일에 참여할 수 있어. 그래서 지방 자치 제도를 '풀뿌리 민주주의'라고도 부른단다.

탁수 : 그런데 엄마, 우리 지역을 위해 열심히 일할 일꾼으로는 어떤 사람을 뽑아야 해요?

엄마 : 여러 후보들 중에서 지역을 위해 헌신(몸과 마음을 바쳐 있는 힘을 다함)할 일꾼을 가려내기란 쉽지가 않지. 하지만 우리 지역의 문제나 사정에 대해 잘 알고 있는 사람이라면 일을 맡길 수 있지 않을까? 게다가 지역의 문제를 어떻게 해결해 나갈 것인지 미리 생각해 놓았다면 더 좋겠지.

탁수 : 정말 그러네요. 엄마도 꼭 투표에 참여하실 거지요?

엄마 : 그럼. 아빠랑 같이 가서 투표하기로 했단다.

탁수 : 우리 지역을 더욱 발전시킬 수 있는 사람을 뽑아 주세요.

엄마 : 그래, 알았다.

서울특별시의회

서울시 중구 태평로 1가 60-1

지방 자치제에 따라 각 지방에서 일어나는 일은 주민을 대표하는 기관이 맡아 처리하고 있어요. 이에 각 지방에는 지방의 정책과 입법, 행정과 관련된 사항을 심의하여 결정하는 의회가 있지요. 서울특별시의회 또한 많은 지방 의회 중 하나예요. 서울특별시의회는 서울시 운영에 관한 여러 일을 결정하는 동시에 집행부가 하는 일을 감시하는 역할을 담당하지요. 이 밖에도 서울 시민의 불만과 요구에 귀 기울여 잘못된 것을 바로잡으며 더 살기 좋은 서울을 만들기 위해 노력한답니다.

주민들이 자신이 살고 있는 지역의 일에 많은 관심을 가지고 있어야 지역이 발전할 수 있어요. 각 지역의 지방 의회에 찾아가 현재 우리 지역의 여러 문제들이 어떻게 처리되고 있는지 살펴보고, 지역 발전을 위해 어떤 노력이 필요한지 생각해 보는 것은 어떨까요?

살기 좋은 서울을 만들기 위해 일하고 있어요.

◑ 참관 안내

전화   (02)3702-1358~9 | 홈페이지 http://www.smc.seoul.kr
참관 시간 평일 : 오전 9 : 00 - 일과 종료 시까지

◑ 가는 길

지하철   1, 2호선 시청역 3번 출구에서 도보로 5분
          5호선 광화문역 6번 출구에서 도보로 5분
버스   광화문, 시청 일대 버스 정류장에서 도보로 10분